N
O
E
S
ATLANTIQUE
AMÉRIQUE
DU
SUD
PACIFIQUE
ANDES
Natal
Recife
Bahia
Santiago
Mendoza
Buenos Aires
Porto Alegre
Santos
Rio de Janeiro
Montevideo
ATLANTIQUE

EUROPE
Toulouse
Barcelone
Alicante
Malaga
NORD
Casablanca
Agadir
Cap Juby
Villa Cisneros
SAHARA
Port Étienne
St. Louis
Dakar
AFRIQUE
SUD
COMPAGNIE GÉNÉRALE
AÉROPOSTALE
LIGNE TOULOUSE-SANTIAGO

Du même auteur
chez Archimède – *l'école des loisirs* :
VAPEURS DE RÉSISTANCE

Loi numéro 49.956 du 16 juillet 1949 sur les publications destinées à la jeunesse : septembre 1999
Dépôt légal : décembre 2000
Imprimé en France par IFC à Saint-Germain-du-Puy

Fabian Grégoire

LES DISPARUS DE L'AÉROPOSTALE

Illustrations à l'aquarelle de l'auteur

ARCHIMÈDE
l'école des loisirs
11, rue de Sèvres, Paris 6e

Je vais souvent près des aéroports avec mon petit-fils voir s'envoler les avions de ligne à réaction. Ils me rappellent mon premier vol: de Toulouse à Port-Étienne, en Mauritanie.

C'était en 1930. Ma mère venait d'entrer à l'hôpital pour de longs mois. Je rejoignais mon père, biologiste, qui était en mission en Afrique.

Mais mon voyage n'allait pas se dérouler exactement comme prévu…

Ce matin-là, le chauffeur de grand-père m'avait déposé au terrain d'aviation de Toulouse-Montaudran vers 5 h. J'allais voyager seul !

Encore à moitié endormi, je contemplais les dizaines d'avions alignés devant les hangars. Ils portaient tous la même inscription : *Compagnie générale Aéropostale.*

Avec d'autres voyageurs, je me dirigeai vers un superbe appareil rouge et argent dont l'hélice tournait déjà. C'était un *Laté 28* tout neuf, tout frais sorti de l'usine.

Tandis qu'on chargeait de gros sacs de courrier dans la soute, nous prîmes place dans la cabine des passagers. L'avion décolla presque aussitôt.

Au début, je me cramponnais à mon siège, mais bien vite j'oubliai ma peur, rassuré par mon voisin de voyage, un habitué de la ligne. Ce monsieur connaissait le nom de chaque village, de chaque rivière que nous survolions. Pour la première fois de ma vie, je voyais la Terre d'en haut. C'était magnifique !

Après plusieurs heures de vol, le ciel noircit, et la terre fit place à la mer. Par moments, le vent nous rabattait à quelques mètres seulement des vagues.

– C'est le détroit de Gibraltar, m'expliqua le monsieur. Dans quelques minutes, nous serons en Afrique. Le temps y sera sûrement plus beau !

En effet, les villages marocains défilèrent bientôt sous nos ailes, et à 15 h 30, nous nous posions, sous le soleil, à Casablanca.

Là, je retrouvai mon cousin Félix, mécanicien navigant de l'Aéropostale. Il faisait équipe, à bord d'un *Laté 26*, avec un pilote du nom de Peyrat.

– Salut Julien ! Ça fait plaisir de te voir ! J'ai une place pour toi dans notre avion.

Leur *Laté 26* allait nous emporter avec le courrier jusqu'à Cap-Juby, en plein désert du Sahara. De là, un troisième avion, assurant la liaison Cap-Juby – Dakar, me transporterait jusqu'à mon père, à Port-Étienne.

Le *Laté 26* manquait de confort, mais il était très amusant.

Comme la soute n'était pas fermée, le vent me fouettait le visage et ajoutait son sifflement au vacarme du moteur.

Un interprète maure était assis à mes côtés, au milieu des sacs postaux. Son rôle serait, si l'avion tombait en panne, d'aider les aviateurs à négocier avec les fameux guerriers maures du Rio de Oro, le Sahara espagnol.

Sous la pleine lune, le *Laté* se posa à Cap-Juby vers 22 h 45.

Une mauvaise nouvelle nous y attendait. L'avion de Dakar, à bord duquel je devais continuer mon voyage, s'était perdu dans le désert.

– Nous sommes très inquiet pour l'équipage, déclara Peyrat. Quant au courrier, ce n'est pas mon appareil qui peut l'emmener, il a une fuite d'huile.

Le chef d'escale, qui s'appelait Vidal, semblait embarrassé…

– Et ton *Laté* de réserve ? lui demanda Félix. Il ne vole pas ?

– Ben non, avoua Vidal. J'ai cassé le train d'atterrissage ce matin. Les mécaniciens travaillent dessus, mais il ne sera pas prêt avant demain.

Un avion perdu, deux autres en panne ! La malchance s'acharnait sur le courrier France-Amérique.

– Il n'y a qu'une solution, déclara Vidal. On transborde le courrier dans le *Breguet*.

Le *Breguet 14* était un avion biplan qui datait des débuts de l'Aéropostale. Malheureusement, il était trop petit pour nous accueillir en plus du courrier.

– Nous sommes coincés ici, me dit Félix. Il n'y a plus qu'à attendre le prochain vol pour Dakar. Mais je sais que ton père a un poste de TSF dans son campement. Je vais demander qu'on le prévienne pour qu'il ne s'inquiète pas.

La TSF, ou téléphonie sans fil, était le seul moyen de communication à Cap-Juby.

De leur côté, les aviateurs parlaient de l'avion disparu :

– Qui était à bord ? interrogea Peyrat.

– Joriau, Mérel et un interprète, répondit un mécano. Ils ont envoyé un message vers 21 h 30 : « *Brume au sol – pensons être environs Cap Bojador – plus d'essence – tentons atterrissage.* » Depuis, notre TSF n'a plus rien capté…

Tous semblaient inquiets.

Félix me conseilla d'aller me reposer et me guida vers les baraquements de la compagnie. Au même moment, le *Breguet* décollait pour Dakar et s'élevait avant de disparaître dans l'obscurité du ciel saharien. Pendant que je dormirais, son équipage allait affronter la nuit, le froid et le désert…

Le lendemain matin, un rayon de soleil filtrant entre deux planches disjointes du baraquement me réveilla.

En sortant, je pus admirer le paysage que la nuit m'avait caché la veille. Cap-Juby était complètement isolé : à l'ouest, l'océan Atlantique ; à l'est, le désert. Entre les deux, un fort espagnol et l'escale de l'Aéropostale.

Dans le hangar, Félix s'affairait sur le *Laté 26* de Peyrat.

– Nous n'avons pas dormi de la nuit, me dit-il. Avec les collègues, nous avons réparé les deux *Laté*. Je me suis occupé de la fuite d'huile du moteur de Peyrat, et ils ont remis en état le train d'atterrissage du *Laté 25* de réserve qui est derrière toi.

– Est-ce qu'on a retrouvé l'avion disparu ? demandai-je.

– Non, on attend que la brume se lève pour partir à sa recherche.

Vers 9 h, le ciel s'étant dégagé, l'opération de sauvetage de l'équipage Joriau-Mérel pouvait débuter…

– Tu vas m'attendre ici, dit Félix.

– Ah non ! répliqua Vidal. Il vient avec nous ! Deux yeux de plus ne seront pas de trop pour fouiller ce désert!

Je pris donc place avec Félix dans la cabine du *Laté 25*.

Vidal mit le cap au sud, volant de conserve avec l'autre *Laté*, piloté par Peyrat. Les recherches commencèrent par le survol de la côte.

Muni de jumelles, je scrutais la moindre tache sombre que je pouvais apercevoir. Il s'agissait le plus souvent de rochers, parfois d'une caravane ou d'un campement bédouin.

Les vagues se brisaient par endroits sur des falaises de grès d'une dizaine de mètres de haut, et je me demandais de quel côté l'avion de Joriau avait pu tomber. Dans l'immensité de l'océan, ou dans l'immensité des sables?

Il nous fallut trois heures pour atteindre l'escale désolée de Villa Cisneros.

Le décor y était presque le même qu'à Juby : un fortin aux murs décrépis, perdu en plein Rio de Oro.

Il abritait également des soldats espagnols, censés surveiller les tribus maures. En réalité, ils étaient prisonniers de leur forteresse, qu'ils ne pouvaient quitter sans être attaqués par des guerriers du désert.

Après le ravitaillement en essence, les recherches reprirent, et nos deux avions s'enfoncèrent d'une vingtaine de kilomètres à l'intérieur des terres, tout en remontant vers Cap-Juby.

J'allais d'une fenêtre à l'autre pour observer dans toutes les directions, mais l'avion de Joriau et Mérel restait introuvable.

Le soleil était au zénith, et une chaleur étouffante régnait à l'intérieur de la cabine.

Notre avion volait assez haut, afin que nous puissions observer une plus grande surface de désert.

Cependant, plus les heures passaient, plus j'avais l'impression de chercher une aiguille dans une botte de foin.

Un léger repas vite avalé à Cap-Juby et nous reprîmes l'air.

Malgré ma fatigue, je cherchais toujours. Mais le désert me semblait de plus en plus vaste. Je perdais courage.

– On ne les retrouvera jamais !

– Il ne faut pas désespérer, répondit Félix. On a déjà récupéré des équipages plusieurs jours après leur disparition.

Assourdi par le bruit du moteur, j’entendais à peine ce qu’il me disait.

Soudain, un point lumineux attira mon attention…

Braquant mes jumelles dans sa direction, je ne pus retenir un cri de joie :

– L'avion ! C'est lui !

Félix bondit et se colla à la vitre :

– Où ça ?

– Là-bas ! Près des rochers !

Félix indiqua aussitôt la direction à Vidal, et cinq minutes plus tard, nous étions posés à proximité de l'appareil. Le nez planté dans le sable, son fuselage se dressait vers le ciel. Son hélice était tordue et l'un de ses pneus éclaté. Malheureusement, il n'y avait aucune trace de Joriau ou de Mérel, ni de l'interprète. Et le courrier avait disparu.

– J'espère qu'ils n'ont pas été capturés ! dit Peyrat.

– Non ! ils ont laissé un message ici, dis-je.

Sur le ventre du *Laté*, je venais de découvrir une inscription gravée dans la peinture rouge.

Le message disait : « *Avion a capoté sur rocher – Avons 20 litres d'eau – Marchons ouest pour rejoindre la mer.* »

– Bravo petit ! s'écria Peyrat. Avec ça, on va les trouver !

Effectivement, après un quart d'heure de recherches, la fumée blanche d'une fusée de détresse nous permit de localiser les trois naufragés. Ils avaient déjà parcouru une trentaine de kilomètres à pied, avec les sacs postaux.

Vidal posa notre *Laté 25*, suivi par Peyrat, qui faillit rater son atterrissage !

Les aviateurs se précipitèrent vers leurs camarades rescapés. Vivants! Ils étaient vivants!

Joriau expliqua alors l'accident: le train d'atterrissage qui bute sur un rocher, l'avion qui capote et le poste de TSF cassé.

– C'est pour ça que nous n'avons pas pu vous appeler, dit Mérel, il n'a pas supporté le choc quand on s'est posés.

Peyrat me poussa alors en avant.

– Je vous présente Julien, le cousin de Félix. C'est lui qui a repéré votre coucou et trouvé votre message.

– Merci, mon gars, dit Joriau. Merci beaucoup !

Il me serra la main, imité aussitôt par Mérel.

J'étais très fier et très ému d'avoir aidé à leur sauvetage.

– Assez bavardé, déclara Vidal, j'en ai assez du désert, on rentre à la maison.

Tout le monde était d'accord avec lui.

À notre arrivée à Cap-Juby, Peyrat fit immédiatement le plein de son *Laté* et redécolla aussitôt vers Casablanca avec le précieux courrier Amérique-France sauvé par Joriau et Mérel. Déjà un jour de retard. Il n'y avait donc plus une seconde à perdre !

Quant à Félix, il fut autorisé à rester à Cap-Juby pour me tenir compagnie.

Six jours plus tard, je reprenais mon voyage vers la Mauritanie. Le vol fut tranquille et sans histoire. Félix n'avait pas pu m'accompagner, car il ne pouvait quitter la section Casablanca – Cap-Juby.

Je débarquai donc seul à Port-Étienne, où je retrouvai enfin mon père.

Mon aventure s'achevait. Mais celle des pilotes et mécaniciens de l'Aéropostale se poursuivait…

Joriau et Mérel continuèrent à faire équipe, jusqu'à leur disparition entre Agadir et Casablanca, par une nuit de brume de novembre 1931. Peyrat les suivit dans la mort, un mois plus tard. Vidal, perdu dans la tempête, s'écrasa avec son *Laté 28* en pleine forêt brésilienne en 1932, à trois kilomètres de Recife. Félix eut plus de chance que ses camarades. Il fit une longue carrière à l'Aéropostale, puis à Air-France.

Je vais souvent lui rendre visite…

L'AÉROPOSTALE

C'est un industriel français constructeur d'avions, Pierre-Georges Latécoère, qui a imaginé d'utiliser l'aviation pour transporter le courrier entre la France et l'Amérique du Sud, via l'Afrique occidentale.

Le 11 novembre 1918, l'industriel crée la Société des lignes aériennes Latécoère. Et petit à petit, de 1918 à 1927, son projet va prendre forme.

Entre Toulouse et Dakar d'une part, et en Amérique du Sud d'autre part.

Malheureusement, la mise sur pied d'une telle entreprise coûte très cher. En 1927, Latécoère doit vendre sa société pour pouvoir garder son usine de construction d'avions.

C'est un financier français installé au Brésil, Marcel Bouilloux-Laffont, qui la lui rachète. Il la rebaptise aussitôt Compagnie générale Aéropostale.

Latécoère se contentera de fournir ses avions, les Laté, à la nouvelle entreprise.

C'est donc sous le nom d'Aéropostale que la ligne atteint Santiago du Chili en 1929.

Pourquoi Santiago comme terminus ?

Parce que l'avion ne met que quelques heures en partant de Rio pour franchir la cordillère des Andes, alors qu'il faut quatre jours par le chemin de fer. De plus, beaucoup de Français sont installés au Chili, ce qui promet une grande quantité de courrier à transporter entre la France et ce pays.

Reste la traversée de l'Atlantique sud…

Elle est assurée par des bateaux rapides, les avions de l'époque ne permettant pas de franchir l'océan dans des conditions acceptables de sécurité.

Le célèbre Jean Mermoz réussira bien quelques traversées à partir de 1930, mais le transport aérien régulier du courrier entre Saint-Louis du Sénégal et Natal ne verra jamais le jour, du moins au temps de l'Aéropostale.

La Compagnie sera finalement absorbée par Air-France lors de sa création en 1932.

Il restera de l'Aéropostale plus de 200 avions répartis sur trois continents, des dizaines d'escales aménagées, et surtout de grands noms:

Jean Mermoz, pionnier du vol de nuit, des Andes et de l'Atlantique sud, dans lequel il disparaîtra en 1936.

Henri Guillaumet qui, après un accident dans les Andes, marchera quatre jours et quatre nuits pour rejoindre la plaine.

Antoine de Saint-Exupéry, l'écrivain aviateur dont le premier roman, «Courrier Sud», a été écrit lorsqu'il était chef d'escale à Cap-Juby.

Et enfin Didier Daurat, le chef d'exploitation devenu célèbre pour avoir imposé la rigueur et le souci du travail parfait, indispensables pour la réussite d'une telle entreprise.

C'est grâce à eux, et à tous leurs homologues moins connus, que l'aviation commerciale a fait de tels progrès. Il fallait environ un mois pour aller de la France au Chili par bateau. Grâce à ses avions et ses bateaux rapides (dans l'Atlantique sud), l'Aéropostale acheminait le courrier en huit jours, pour un trajet de 17 000 km. Pour aller de Paris à Santiago du Chili, il faut aujourd'hui moins de dix-sept heures…

N
O
E
S
ATLANTIQUE
AMÉRIQUE
DU
SUD
PACIFIQUE
ANDES
Natal
Recife
Bahia
Santiago
Mendoza
Buenos Aires
Porto Alegre
Santos
Rio de Janeiro
Montevideo
ATLANTIQUE

EUROPE
NORD
Toulouse
Barcelone
Alicante
Malaga
Casablanca
Agadir
Cap Juby
Villa Cisneros
Port Étienne
St. Louis
Dakar
SAHARA
AFRIQUE
SUD
COMPAGNIE GÉNÉRALE
AÉROPOSTALE
LIGNE TOULOUSE - SANTIAGO